Lire et découvrir

L'hibernation

Melvin et Gilda Berger

Texte français d'Alexandra Martin-Roche

Éditions
SCHOLASTIC

Photographies : Couverture : Larime Photo/DPA (Dembinsky Photo Associates); p. 1 : Skip Moody/DPA; p. 3 : John Serrao/Photo Researchers; p. 4 : Skip Moody/DPA; p. 5 : Dwight Kuhn; p. 6 : Merlin D. Tuttle/Bat Conservation International/Photo Researchers; p. 7 : Larime Photo/DPA; p. 8 : O. Alamany & E. Vicens/Corbis; p. 9 : Tom McHugh/Photo Researchers; p. 10 : Dominique Braud/DPA; p. 11 : Tom Ulrich/Visuals Unlimited; p. 12-13 : Skip Moody/DPA; p. 14 : Gilbert S. Grant/Photo Researchers; p. 15 : Ken Highfill/Photo Researchers; p. 16 : Dwight Kuhn

Recherche de photos : Sarah Longacre

Catalogage avant publication de Bibliothèque et Archives Canada
Berger, Melvin
L'hibernation / Melvin et Gilda Berger ;
texte français d'Alexandra Martin-Roche.

(Lire et découvrir)
Traduction de: Hibernation.
Niveau d'intérêt selon l'âge: Pour les 4-6 ans.
ISBN 978-0-545-98246-7

1. Hibernation--Ouvrages pour la jeunesse.
I. Berger, Gilda II. Martin-Roche, Alexandra
III. Titre. IV. Collection: Lire et découvrir

QL755.B4714 2009   j591.56'5   C2009-901697-4

Édition publiée par les Éditions Scholastic, 604, rue King Ouest, Toronto (Ontario) M5V 1E1

5 4 3 2 1   Imprimé au Canada   09 10 11 12 13

FSC

© Sources Mixtes
Groupe de produits issu de forêts
bien gérées, de sources contrôlées
et de bois ou fibres recyclés.
www.fsc.org Cert no. SW-COC-002520
© 1996 Forest Stewardship Council

Certains animaux hibernent à l'automne.

Des grenouilles hibernent.

Info-hibernation

Les animaux qui hibernent passent l'hiver à dormir profondément.

Elles hibernent dans la boue.

Des chauves-souris hibernent.

Info-hibernation

Les animaux en hibernation respirent très lentement.

Elles hibernent dans des grottes.

Info-hibernation

Certains serpents hibernent sous des roches.

Certains serpents hibernent.

Ils hibernent en groupe.

Certains ours hibernent.

Info-hibernation

Presque tous les ours ronflent en dormant.

Ils hibernent dans des tanières.

Des tamias hibernent.

Ils hibernent sous terre.

Certains écureuils hibernent.

Ils hibernent dans des tunnels.

Dormez bien!